AF263747

# LETTRE

## DE M. L'ABBÉ COTIN,

## A M. MONCRIF,

## DE L'ACADÉMIE FRANÇOISE.

Il ne faut point mettre un ridicule où
il n'y en a point , c'eſt corrompre ſon
jugement & celui des autres : mais le
ridicule qui eſt quelque part, il faut l'y
voir, l'en tirer avec grace , & d'une maniere qui plaiſe & qui inſtruiſe.

L A   B R U Y E R E.

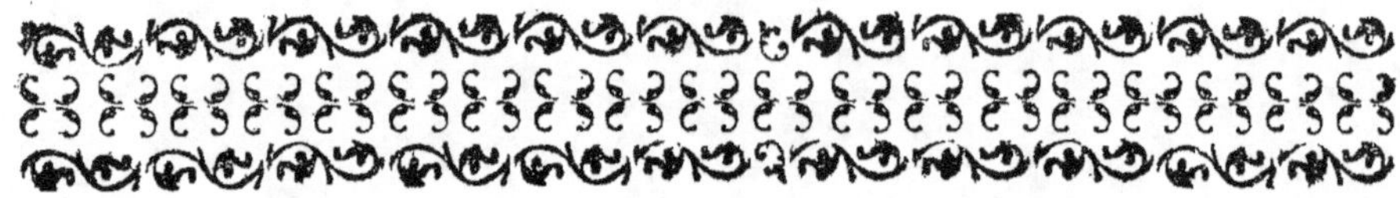

# LETTRE
## DE M. L'ABBE' COTIN
### A M. MONCRIF,
### DE L'ACADEMIE FRANÇOISE.

Avec quelques Remarques de l'Editeur.

*Aux Champs Elysées ce 15 Octobre 1744.*

QUE nous étions fâchés, mon cher Ami, de votre oisiveté plus qu'Académique ! Nous craignions que par votre long silence, & par l'inaction de vos ingénieux Confreres, le langage simple & sans art ne prît le dessus, que le stile uni, sans voile, sans détour, sans sel épigrammatique, ne redevînt à la mode, comme dans le siecle de Louis XIV. où par l'exemple contagieux d'un Pelisson, d'un Bussi, &c. tous les esprits étoient émoussés.

Votre nouveau Livre, qui a pour titre *Oeuvres mêlées tant en prose qu'en vers*, a fait heureusement cesser nos allarmes. Pour peu qu'il soit lû, peut-il manquer d'accréditer ce goût charmant, qui vous distingue entre tous les Ecrivains modernes, qui vous met au-dessus des Anciens, & qui n'a pour ennemis que les Partisans ridicules de l'insipide bon sens, & de la triviale intelligibilité ?

Dès que votre Recüeil parut ici, tous mes amis s'empresserent de le lire. Nous avons en ces bas lieux un beau Cabinet de verdure tout entouré de fleurs, où nous nous rassemblons, & qui nous rappelle le délicieux Hôtel de Ramboüillet. J'y préside sous les heureux auspices d'une illustre Ombre femelle, qui ne voit que des Ombres masculines comme moi. C'est-là que s'attroupent Pradon, Faret, Liniere, Bonnecorse, Colletet. Avec quelles délices nous relisons constamment les Ouvrages de nos anciens & dignes Confreres,

A

d'un Porcheres d'Arbaud , d'un Colomby , d'un Baro , d'un Priézac ( *a* ) !

Avant que vous eussiez donné au Public vos *Oeuvres mélées*, je songeois à vous écrire, pour vous témoigner mon estime & ma reconnoissance. Puis-je en effet ne pas être flatté de voir que vous prenez si bien mon goût ? N'est-il pas bien doux pour moi de me retrouver dans vos Ouvrages , d'y reconnoître l'héritier de mes talens & de mon heureux génie, enfin de revivre en vous ? Non-seulement vous avez attrapé mon esprit ; mais vous vous attachez à ne faire précisément que des Ouvrages du même genre que les miens. Nous avons tous les deux publié des Oeuvres mélées tant en prose qu'en vers ( *b* ) : vous avez fait des Dissertations comme moi : j'ai composé des Enigmes & des Odes comme vous ( *c* ) : nous avons enfanté chacun un Poëme sur l'Amour ( *d* ) : nous avons enfin tous deux écrit contre la Critique ( *e* ). La conformité de nos talens & de nos productions nous a procuré le même honneur, une place à l'Académie Françoise, qui en nous adoptant a fait voir que son choix est toujours éclairé.

Vos *Oeuvres mélées* font à mon gré, ce que vous avez fait de plus digne de vous & de moi. Rien ne m'échappe dans ce charmant Recüeil. J'admire jusqu'à la justesse du titre : car soit qu'on envisage en général la disposition & la diversité des Piéces qui composent ce petit Livre d'or , soit que l'on considére l'élegante confusion & l'ingénieux desordre des pensées de chaque Piéce en particulier , jamais Recüeil ne mérita mieux le titre d'*Oeuvres mélées*. Donner au Public de tels Ouvrages , c'est rappeller la mémoire des miens. Quelles graces dans le stile ! Quelle solidité dans les pensées !

Je voudrois surtout avoir fait la Dissertation , où vous prétendez

---

( *a* ) Je ne sçais par quelle fatalité ces quatre Auteurs , qui étoient de l'Académie Françoise , sont inconnus.

( *b* ) Voyez la note de Brossette sur le Vers 60. de la Sat. III. de Despreaux.

( *c* ) Recüeil des Poësies de l'Abbé Cotin , imprimé chez le Petit.

( *d* ) Il y a une difference entre ces deux Poëmes , celui du maître ayant pour objet l'amour Divin , & celui du disciple l'amour profane.

( *e* ) L'Ouvrage de l'Abbé Cotin a pour titre *Jugement desinteressé sur les Satyres des tems* , & celui de M. Moncrif *De l'esprit critique*.

prouver que les Romans qui ne renferment qu’un merveilleux fur-naturel, ne doivent pas être appellés *Ouvrages d’imagination*. Jufqu’à préfent quelque mépris qu’on ait eu pour de tels Romans, on n’avoit pas laiffé de les regarder comme des productions de cette faculté de l’ame. Auffi un Ouvrage n’étoit pas eftimable précifement parce que l’imagination l’avoit enfanté ; mais on en faifoit cas à proportion que l’invention en étoit heureufe , & qu’il étoit femé de traits ingénieux. Illufion , erreur ! Votre Differtation a paru pour renverfer les idées que depuis tant de fiecles on s’étoit formées à ce fujet. Sans les heureufes découvertes qu’elle renferme, auroit-on pû diftinguer les productions informes d’un cerveau déréglé d’avec les fictions agréables , intéreffantes ou inftructives ? On n’auroit pas plus eftimé Fontenelle que Bergerac ( *a* ).

Les gens de Lettres qui viennent ici, ne manquent jamais de nous régaler de tous les Ouvrages nouveaux & furtout des leurs, dont la plûpart font auffi infatués qu’ils l’étoient fur la terre. Il eft affez fingulier de les voir quelquefois en fe promenant effrayer les autres Ombres par leurs geftes & leurs grimaces, & de les entendre réciter avec une ridicule emphafe des lambeaux de leurs Ecrits. Encore les Ombres qui les écoutent ne feroient-elles pas à plaindre, fi la plûpart de ces Auteurs étoient de votre force. Mais qui peut fupporter Vertot & Rollin ? Que leur façon d’écrire eft infipide !

Nous confervons ici le même goût que nous avions fur la terre. ( Les éloges que je vous donne en font une preuve. ) Nous avons les mêmes inclinations, le même caractere, & nous nous livrons conftamment à nos anciennes habitudes. Le Janfénifte déchire pieufement toutes les Ombres Moliniftes ; le Jefuite le lui rend avec intérêt, & rode autour du trône de Pluton & de Proferpine ; le petit Maître voltige dans des bofquets de Myrte ; le Financier offre des vœux à Plutus ; l’Orgueilleux demi-quart de fçavant dédaigne l’efprit & les talens ; la Coquette s’efforce de plaire par des grimaces étudiées ; le mauvais Comédien brave les fifflets ; fa jaloufie cabale encore contre fes Confreres , qui l’ont fait vivre en l’effaçant.

Pour moi je ne fuis fenfible qu’à ce qui fe paffe dans la Républi-

( *a* ) Ce n’eft pas fans raifon que l’Abbé Cotin met Cyrano de Bergerac à côté de M. de Fontenelle , puifqu’on trouve dans la *Pluralité des Mondes* , plufieurs traits empruntés du *Voyage dans la Lune*. Il eft vrai que ces folles idées , forties du boüillant cerveau de Bergerac , ayant été temperées à un jufte dégré par la fage imagination de M. de Fontenelle , ellefont acquis avec un furcroit d’agrément un heureux air de nouveauté.

que des Lettres. Une petite brochure de quatre pages m'occupe plus que dix batailles perduës ou gagnées. J'apprends par cœur les énigmes & les logogriphes qui ornent le Mercure ; je nourris mon éloquence des harangues de Collége ; je médite sur les Mémoires de l'Académie des belles Lettres de Paris, qui valent au moins ceux de l'Académie de Troyes ; je lis avec exactitude les Journaux des Sçavans & de Trevoux, où je m'apperçois que les successeurs de Salo & de Tournemine ( *a* ), ont substitué à l'art d'analyser & de réfléchir l'art de dessiner des Guillemets ; j'interroge enfin les ingénieux oracles des Caffés, à mesure qu'ils arrivent ici, & surtout nos Confreres les Académiciens. Que d'Ouvrages nouveaux dont le genre étoit inconnu de mon tems, comme des Livres galans ou burlesques de Mathematique & de Physique ; des Comédies qui font pleurer à chaudes larmes, des Tragédies construites risiblement, des Odes où il est démontré clair comme le jour, que le bon sens est étranger à la Poësie !

Les Lettres vont sans doute faire de nouveaux progrès en France, depuis que la Critique littéraire en est bannie. Plût à Dieu que de mon tems on l'eût aussi regardée comme un crime capital ! Que ses effets sont pernicieux ! Corrompre le goût, répandre les ténébres, accréditer l'ignorance, troubler le repos d'un pauvre Auteur, empoisonner les plaisirs que lui ménage sa vanité ! La Critique n'est-elle donc pas le fléau de la Litterature, l'ennemie des bonnes mœurs, l'écueil de la réputation des grands Ecrivains ? C'est un aiguillon d'autant plus dangereux, qu'une main habile sçait cacher sa pointe sous une délicate enveloppe : la Critique littéraire, contraire enfin aux Loix de l'équité naturelle & de la charité chrétienne, est la peste d'un Etat. Pardonnez ma vivacité ; j'avoüe que je suis un peu déclamateur : mes discours & mes longues Préfaces laissent entrevoir ce défaut, qui est ( à ce que me dit l'autre jour le grand Pradon ) le seul qui regne dans mes œuvres.

Permettez-moi de vous faire remarquer en ami, que votre *Dissertation sur les Ouvrages d'imagination* renferme deux choses de trop : premierement, le Conte de Fée que vous avez composé, dites-vous, pour faire voir qu'une froide & stérile imagination peut aisément enfanter de ces sortes de productions. A quoi pensez-vous d'alléguer de semblables preuves ? D'ailleurs vous vous étiez proposé

( *a* ) Premiers Instituteurs de ces deux Journaux.

de prouver, que des Contes ſi plats & ſi extravagans, ne ſont point le fruit de cette faculté de l'ame, & il ne s'agiſſoit pas de ſçavoir s'ils ſont aiſés ou difficiles à inventer. En ſecond lieu, pourquoi avoir mis à la tête du Chef-d'œuvre, dont il s'agit, l'apoſtille ſuivante, *Cette Diſſertation a été lûë à l'Académie Françoiſe* ? Eh ne voit-on pas aſſez que ce ne peut être que l'Ouvrage de quelqu'un de mes dignes ſucceſſeurs ? Je vous avoüerai auſſi que loin de reſtraindre, comme vous faites, la ſignification du terme *d'Ouvrage d'ima-gination*, j'aurois envie de l'étendre en votre faveur, & d'appeller, ſinon vos Poëſies, du moins vos Diſſertations, de véritables Ouvrages d'imagination ; tant la ſorte d'éloquence qui y regne eſt éloignée des régles peſantes, triviales & ennuyeuſes de l'ingrate dialectique.

Je me rapelle à ce ſujet avec plaiſir, mon cher Moncrif, votre ingénieuſe Fable, où vous introduiſez ſur la ſcene l'*Imagination* & une *Muſe*. De mauvais critiques trouveront à redire, que vous ayez perſonifié un être metaphyſique tel que l'Imagination ; comme ſi l'autorité de M. de la Motte ne devoit pas vous ſuffire. Pour moi je voudrois qu'on fît un Roman, dont les principaux Acteurs ſeroient Demoiſelle Imagination, Dame Memoire & Don Jugement. Ces trois perſonnages idéaux pourroient être ſéparement repréſentés par trois ſubſtances Phyſiques, Piron, Lenglet, d'Olivet.

Que Chaulieu eſt plat quand il veut parler galanterie ! Je ne ſçais comment il peut avoir des Partiſans. A-t-il jamais rien fait de com-parable à la petite Piéce ſuivante, que vous avez intitulée *La précaution inutile* ?



Qu'une erreur qui l'abuſe
Fait ſouffrir nos cœurs !
Peut-*elle* s'offenſer des éloges flatteurs
Dont la verité fait l'excuſe ?
Peut-*elle* en éclairant ces lieux
Ne pas lire dans tous les yeux
Les éloges qu'*elle* refuſe ?

Et moi, quand je lis des vers ſi bien tournés, je reconnois mon ſang. Quelques Ames ſtupides ne trouvent pas cependant de juſteſſe dans le titre de cette Piéce charmante. D'autres prétendent qu'elle eſt entortillée, & veulent me perſuader qu'il y a avant les deux premiers vers une lacune qui renferme le nominatif de la phraſe : mais je leur prouve le Livre à la main que rien ne les précede. Quelques-uns n'aiment pas non plus que le ſecond vers ſoit de cinq ſyllabes : ils diſent que ſi c'eſt une parodie de quelque air, il falloit en avertir le Lecteur. Pluſieurs enfin trouvent nouvelle & impolie cette façon de parler d'une Belle, ſans lui donner de nom ni vrai ni ſuppoſé, & ſans la déſigner autrement que par *elle*, *elle*, *elle*.

En revanche la Critique n'a pû mordre ſur votre *Epitre Morale à Domitille*, qui commence ainſi :

A deux beaux yeux que n'ont point effacés
Même les yeux de Barbarine,
A deux ſourcils que l'Amour a tracés,
A des cheveux que de leur main divine
Sur un front enchanteur les Graces ont placés,
Salut, encens, honneur, triomphes, jours de fêtes.

*Jours de Fêtes à deux ſourcils & à des cheveux*, voilà ce qu'on appelle de la Poëſie, & un ſouhait des plus galans & des plus rares qu'on ait jamais faits. Que ce début eſt heureux pour une Epitre Morale !

Quel tour, quelle fineſſe d'expreſſion dans les vers ſuivans, tirés de votre ingénieuſe Fable ſur la naiſſance de Mademoiſelle Barbarine !

Depuis qu'à la beauté s'uniſſent les talens,
Qui des goûts délicats obtint mieux le ſuffrage,
Tant de vœux, tant d'amours ſur ſes pas enchaîna,
Fût à la fois plus coquette & plus ſage,
Que la jeune Barbarina ?

Je ne cherche pas ici à vous flatter ; mais en vérité il n'eſt rien de plus beau ni de plus fort que l'idée que vous donnez de Mademoiſelle Barbarine, qui *enchaîne des vœux ſur ſes pas*. La conſtruction de ces vers a auſſi quelque choſe d'élégant & de poëtique. Comme on a fait *L'eſprit de Fontenelle*, je ne doute pas que quelque diſtillateur obligeant, dont l'eſpoir d'obtenir une place Académique excitera le zéle, ne mette auſſi votre eſprit à l'alambic, & n'en donne une précieuſe quinteſſence. Ce ſera un ſpécifique merveilleux , dont tout bel efprit ne manquera pas de refpirer les vapeurs , lorfqu'il voudra tempérer fon imagination allumée.

La preuve qu'il n'y a que les mauvais Poëtes , les petits génies , qui daignent affervir leurs vers au joug de la rime , c'eft que vous dites dans un de vos couplets ,

> A fa mere , étant déja grande ,
> La pauvre Alix ,
> A deux genoux un jour demande
> Son Alexis.

*Alix* , *Alexis !* Dès que Belleau , Baïf , Ronfard , Colletet , Theophile & Boiffat notre Confrere , eurent lû pour la premiere fois ce couplet , quoi qu'ils fçuffent rimer , ils exprimerent leur admiration par des battemens de mains , & un brouhaha , tels qu'on n'en avoit jamais entendus ici. Que quelque envieux dife à préfent que vous endormez les vivans par vos Ouvrages : fi cela étoit ( ce que je fuis bien éloigné de croire ) n'en feriez vous pas dédommagé par la gloire de réveiller ainfi les morts ?

Parmi les vingt petites Piéces qui compofent le Recüeil court & précieux de vos Poëfies diverfes , il n'y en a point qui m'ait plû davantage que votre *Priére à l'Amour* , qui finit ainfi :

> Que l'efprit eft peu néceffaire ,
> Quand le talent eft d'imiter !
> Il ne faut pas grand art pour faire
> Un portrait , qu'on ne peut flatter.

Ces deux penfées ont à mon gré une jufteffe admirable. Qu'eft-ce que *le talent d'imiter ?* Moins que rien. L'efprit eft de trop pour y reüffir. Cette remarque que j'avois faite il y a long-tems , m'a conduit à méprifer Boileau , Fenelon , &c. parce que ces Ecrivains fe font furtout attachés à former leur goût fur les Ouvrages de certains Auteurs de l'Antiquité. Mon Dieu que vous êtes heureux de ne pas fçavoir le Latin ( *a* ) ! Confultez fur-tout la Fontaine , il vous fera bailler comme moi. Eft-ce avoir de l'efprit que de ramper fur les traces de la nature ? Le vrai génie , l'efprit fublime confifte à envelopper une penfée triviale fous le voile d'une expreffion

_____________

( *a* ) Quoique M. Moncrif travaille au Journal des Sçavans , il ne fçait pas plus de Latin que S. Amant & Bourfaut.

énigmatique, à prodiguer les faux brillans , les traits singuliers , & tout ce qu'on peut imaginer de plus éloigné de la nature, & surtout à faire échoüer la pénétration du Lecteur le plus attentif, contre l'ingénieuse tournure d'une phrase élégamment ténébreuse. Mais pourquoi vous rappeller cette définition du bel esprit, vous qui la justifiez si bien par vos Ouvrages ?

> Il ne faut pas grand art pour faire
> Un portrait qu'on ne peut flatter.

Pensée neuve ! J'avois toujours entendu dire, que plus une femme étoit belle , & plus il falloit d'art pour représenter fidelement toutes ses graces , & attraper la perfection de ses traits : au lieu que le plus chetif barboüilleur en sçait assez pour flatter une laidron.

Vous voyez par le choix que je fais des endroits les plus frappans de vos Poësies, que j'ai le goût toujours sûr. O, que je ne ressemble pas à ce Peintre de l'Antiquité, qui ayant pris le Paon en aversion, ne laissoit jamais voir que ses pieds, lorsqu'il le représentoit auprès de Junon ! Il seroit à la vérité impossible de vous joüer un pareil tour ; vos *Oeuvres* n'ayant rien de défectueux, ni même de commun. Quoiqu'il en soit, je n'ai fait ici qu'étaler avec complaisance & avec admiration quelques belles plumes de votre superbe queuë.

La Comédie des Abderites dont vous êtes Auteur, est un Ouvrage de Poësie qui dans son genre ne le cede pas aux Piéces dont je viens de rappeller quelques traits. Les Comédies de Moliere faisoient rire , celles de la Chaussée font pleurer. La vôtre ne fait ni rire ni pleurer. Je trouve qu'il faut bien de l'art pour pouvoir, à l'exemple de Theognis ( *a* ), tenir l'ame des spectateurs dans une apathie parfaite, sans lui permettre de se livrer au moindre mouvement de tristesse ou de joye.

Ce qui me passe , c'est que quelques personnes ne soient pas sensibles aux beautés sans nombre qui brillent dans vos Ecrits. Dernierement il arriva ici une ame très-maligne, qui nous apporta de l'autre monde quelques brochures où vous êtes fort maltraité (*b*). Que ces plates Critiques ne vous découragent pas : elles ne vous

---

( *a* ) Poëte Grec, qui étoit si froid dans ses Piéces de Theatre , qu'il en fut surnommé Χιὼν, c'est-à-dire , Poëte de neige.

( *b* ) Lettre sur les derniers Discours prononcés à l'Académie Françoise , Lettre à Madame de * * *. &c.

ont fait aucun tort parmi nous, & à l'exception d'une petite cabale d'Ombres mifantropes, à la tête de laquelle font Boileau & Rouffeau, votre mérite eft ici généralement reconnu, & vous y êtes attendu avec la plus vive impatience. Quel charmant fpectacle offrira à nos yeux cette ame fi pure, fi fine, fi déliée, lorfqu'elle fera débarraffée de fa bourgeoife enveloppe ! Je m'imagine déja vous voir ici, tantôt papilloner joliment autour de l'Ombre d'une Ducheffe ; tantôt faire aux Ombres affemblées des difcours fi fublimes, qu'ils échapperont à leur intelligence ; tantôt enfin marcher glorieufement fur mes traces, & ceindre votre front de quelques couronnes fannées qui feront tombées de ma tête.

Je voudrois que vous viffiez, mon cher Moncrif, avec quel zéle je deffends ici vos interêts. Duffai-je paffer les bornes d'une Lettre, il faut que je vous raconte à ce fujet ce qui m'eft arrivé. Je me promenois feul l'autre jour dans un de ces agréables bofquets dont les champs Elyfées font embellis, lorfque j'apperçus une Ombre couchée au pied d'un arbre, qui dormoit profondement. Je m'approche d'elle en chantant ces ingénieux couplets, dont vous avez depuis peu régalé le Public,

> La fille à cette barbarie
> Bien fort pleura.
> Au Couvent de Sainte-Marie
> On l'enferma.
> Là pendant trois ans éperduë,
> Elle a gémi,
> Sans avoir un inftant la vûë
> De fon ami.

✳❈✳

> Un jour (quelle malice d'ame!)
> La mere a dit,
> Alexis a pris une femme
> Sans contredit:
> Et puis lui montrant une lettre,
> Lui dit, voyez,
> Il vous écrit, c'eft pour permettre
> Que l'oubliez. ( *a* )

J'avois beau chanter ; l'Ombre ne fe réveilloit pas. D'une main

( *a* ) Oeuvres mêlées, *p.* 250.

elle foutenoit fa tête renverfée, & appefantie par le fommeil. L'au-
tre main étoit étenduë, & paroiffoit avoir laiffé échapper un petit
Livre entr'ouvert. Autour d'elle étoient de gros tas de volumes
*in*-4°. & quelques feüilles manufcrites que le vent faifoit voltiger.
J'eus d'abord la curiofité de voir ce que c'étoit que ces Manufcrits.
Ils avoient pour titre *Obfervations fur le Dictionnaire de l'Académie*
*Françoife, où l'on fait voir que la feule lettre A renferme plus de 150 fau-*
*tes effentielles.* Au-deffous de ce titre on lifoit ce vers de Phedre,

*Hunc emendare, fi tamen poffum, volo.*

Je parcourus à la hâte quelques-unes des Remarques. Je vis
avec plaifir que c'étoient bagatelles; car il ne s'agiffoit que d'omif-
fions, de fauffes définitions, de mots cités comme François, &
qui ne le font pas, d'expreffions fi baffes, qu'elles font à peine con-
nuës aux Halles, & d'une infinité d'autres Remarques femblables.
Je jettai enfuite les yeux fur le petit volume qui me paroiffoit bien
imprimé. Quelle fut ma furprife, lorfque je reconnus votre dernier
Ouvrage ! Je fecoüai alors fi rudement l'Ombre, que je la réveillai,
lui repréfentant qu'il n'étoit pas naturel de dormir, lorfqu'on avoit
un tel Livre auprès de foi. Eft-ce ma faute, me dit-elle, d'une voix
languiffante, comme une perfonne qui fe reveille en furfaut, eft-ce
ma faute fi ce Livre m'a endormi? Qu'eft-ce que la diftinction fur
quoi roule la Préface? A ces mots elle baille, s'étend, & me met
à la main votre Livre.

Je l'ouvre auffi-tôt à l'endroit de la Préface, & je lis ce que j'avois
tant de fois admiré, cette folide diftinction que vous faites entre
deux fortes d'Ouvrages, fçavoir : 1°. *Les grands Ouvrages qui ne don-*
*nent pas lieu de démêler les principes & le caractere de leurs Auteurs comme*
*le Poëme dramatique, les grandes Hiftoires.* 2°. *Les Ouvrages fur la foi*
*defquels on eft affuré de connoître le caractere & les principes de ceux*
*qui les ont compofés, comme les petits vers, les Hiftoires fabuleufes, les*
*Traités de Morale & de Philofophie (a).* Je me recüeillis un inftant,
& après avoir férieufement medité fur cette diftinction, je foutins
qu'elle étoit neuve & très-ingénieufe. Et moi, reprit l'Ombre, je
prétends, qu'elle eft contraire à la raifon. N'a-t-on pas vû des Auteurs qui fe font peints dans de grands Ouvrages? Mezeray n'a-t-il

(*a*) Préface, page VIII. & fuivantes.

pas fait voir son esprit dur & satyrique, le P. Daniel sa politique complaisance, Corneille l'élevation de son esprit & la noblesse de ses sentimens, l'Abbé Fleury sa sagesse & la douceur de ses mœurs, M. Rollin son zéle pour le bien public ? Mais, lui répondis-je, à juger d'Euripide par ses Tragédies, ne sembleroit-il pas qu'il fut l'ennemi le plus déclaré des femmes ? Il en avoit cependant deux. Aussi, repartit l'Ombre, je suis bien éloignée de croire que les Poëmes Dramatiques, non plus que les longues Histoires & les autres grands Ouvrages, dévoilent infailliblement le caractere & les mœurs de ceux qui les ont composés. Je crois au contraire que s'ils sont toujours l'image de leur esprit, ils ne le sont que rarement de leur cœur. Convenez donc, insistai-je, que les bouquets à Iris, les *Conseils à Themire*, les Madrigaux, les Romans sont des miroirs plus fidéles, & qu'à la faveur de ces petites compositions, *on lit bien plus aisément dans l'ame d'un Auteur* ( a ). Dites, reprit l'Ombre, qu'elles font appercevoir la force, la délicatesse ou la platitude de son génie & de son style ; mais ce sont de mauvaises lunettes pour lire dans son ame. Quoi, ajouta-t-elle, quand un Ecrivain aura rassemblé dans un Recüeil un petit nombre de Piéces telles que celle-ci,

> Plus inconstant que l'onde & le nuage,
> Le tems s'enfuit ; pourquoi le regretter ?
> Malgré la *pente volage*
> Qui le force à nous quitter,
> En faire usage
> C'est l'arrêter. ( b )

on pourra sur de semblables fadaises rimées, décider des principes d'un Auteur ? Un malhonnête homme comme un homme de bien, pourvû qu'ils soient tous deux médiocres versificateurs, ne peuvent-ils pas enfanter de semblables Ouvrages ? Et puis qu'est-ce que ce bizarre assortiment que fait votre Auteur, des Traités de Morale & de Philosophie avec les Epigrammes, les Histoires fabuleuses & d'autres semblables sornettes ? Comme si des Ouvrages d'un genre si opposé devoient procurer à leur Auteur la même sorte de gloire. C'est mettre dans la même Classe Ciceron & Martial, Montagne & Marot, Nicole & Rousseau.

( a ) Préface, p. viii.
( b ) Oeuvres mêlées, p. 259.

Après avoir dit brufquement ces dernieres paroles, l'Ombre fe retourna ; & en voulant rapprocher fous fon coude quelques-uns des volumes qui l'environnoient, il y en eut un qui s'ouvrit par hazard. Sur le champ, comme s'il en fut forti une vapeur foporifique, elle ferma les yeux, & fa tête appefantie fit un mouvement ordinaire à ceux qui fentent les approches du fommeil. Cette circonftance me fit plaifir ; car je conclus de-là que, malgré le préjugé de l'Ombre, ce n'étoit point votre petit Ouvrage qui l'avoit endormie ; mais plutôt quelqu'un de ces gros Livres. Quoiqu'il en foit, elle alloit retomber dans un fommeil auffi profond que celui d'où je l'avois déja tirée, fi m'approchant de fon oreille, je ne lui euffe crié de toutes mes forces, que quand même votre diftinction ne feroit pas fort jufte, du moins donnoit-elle lieu à des Remarques ingénieufes. Sans cette heureufe idée, dis-je, l'Auteur auroit-il pû placer dans fa Préface fes réfléxions fi modeftes, *fur la jaloufie qu'excitent les grands talens, & fur le bonheur qu'il a de n'y être point expofé* ? (a) Auroit-il jamais trouvé une occafion auffi favorable de gronder le Public, de fes *dégoûts bizarres pour certains Auteurs*, qui ayant fait quelques bons Ouvrages, font apparemment incapables d'en produire de médiocres (b)? Sans cette diftinction enfin fçauroit-on que le plus grand inconvénient qu'attire une haute réputation, eft qu'un *excellent Auteur eft expofé à voir paroître fous fes enfeignes de mauvais Ouvrages qu'il n'a point faits* (c) ?

Le Public en eft fans doute la dupe, reprit l'Ombre, comme il le fut, lorfque, dans le deffein de décrier Defpreaux, vous publiâtes fous fon nom une Satyre, dont vous convîntes avec le fameux Traiteur Mignot qu'il envelopperoit fes bifcuits, pour faciliter la vente de l'un & de l'autre (d). Eh ! de grace, M. l'Abbé, ajouta-t-elle, en baillant & en fe frottant les yeux, laiffez-moi dormir, & ne me parlez pas davantage de la Préface de votre Auteur. Ce n'eft qu'un tiffu de mauvais paradoxes (e), un galimathias. Je fentis vivement le trait piquant qu'elle avoit lâché contre moi. Cependant comme je ne fongeois qu'à deffendre votre gloire, un galimathias, dis-je ! Rien au contraire n'eft plus clair. Y a-t-il, par

(a) Pref. p. X.
(b) Ibid. p. XI.
(c) Ibid. p. XIII.
(d) Ce fait eft rapporté par Broffette.
(e) *Contorta & aculeata fophifmata.* Cic. Ac. quæft. L. IV.

exemple, la moindre obscurité dans cette proposition ? *Le principal fruit qu'on doit naturellement se promettre des Ouvrages de l'esprit, est de se procurer une vie agréable* (a). Il faut avoüer, reprit l'Ombre, que M. Moncrif joüe de malheur. Il est intelligible une fois en passant, & il faut que ce soit pour avancer une proposition risible. M. l'Abbé, continua-t-elle, que le desir de se procurer une vie agréable, fait faire de mauvaises actions & de mauvais Ouvrages ! Ne sçavez-vous pas que tel fut l'objet des Poësies de Faret, de Pelletier & de.... Aussi, repliquai-je en l'interrompant, étoient-ce des Auteurs du premier ordre qui avoient beaucoup d'esprit, & qui en connoissoient le véritable usage. Pardonnez ma distraction, repartit l'Ombre, j'oubliois que je parle à M. l'Abbé Cotin. C'est grand dommage, ajouta-t-elle avec un souris mocqueur, que les Ecrivains du Port Royal & tant d'autres ayent ignoré l'usage qu'on doit faire de l'esprit & des talens. Ils croyoient, les pauvres gens, qu'un Auteur devoit avoir pour principal objet l'utilité, l'instruction, ou du moins l'amusement de ses Lecteurs. Bon Dieu, qu'ils étoient simples de prétendre éclairer le monde, & de travailler de bonne foi au progrès des Sciences & des Arts ! Les petites douceurs de la vie ne sont-elles pas plus intéressantes pour un Auteur, que l'inutile suffrage de la postérité ? Point d'ironie, repris-je avec impatience : quel mal y a t-il à recüeillir certains avantages attachés à la profession de bel esprit ? On se faufile dans *la bonne Compagnie* : on se fait par d'honnêtes souplesses de puissans Patrons : on amuse par des entretiens assaisonnés d'une galanterie abstraite : de tems en tems on hazarde de petites productions, des *Romances,* des *Stances,* des *Fables,* des *Enigmes,* &c.

Il est vrai, repartit l'Ombre, que tout cela est fort innocent : il est vrai aussi que la conduite dont vous parlez, non-seulement procure les douceurs de la vie, mais qu'elle conduit même à l'emblematique *Immortalité.* Vous m'entendez. Ce n'est pas le mérite unique qui donne l'entrée dans l'Académie Françoise. Ce brillant Lycée, ajouta-t-elle, ressemble en quelque sorte à un Manége, que je me représentois tout à l'heure dans mon sommeil. Je vais vous dire mon songe.

Après avoir erré le long d'une Riviere, semblable à la Seine,

(a) Preface, p. ix.

je me trouvai tout à coup tranſporté dans le Palais du Soleil. Quoi-qu'il me parût tout de feu , je diſtinguois la juſteſſe des proportions, & j'admirois les pompeuſes colonades. Pourquoi, diſois-je en moi-même , le comble de ce Palais n'eſt-il pas achevé ? Cependant les foibles yeux d'un mortel ne pouvant en ſoutenir long-tems l'éclat , je ſongeois à en ſortir , lorſque je rencontre à la porte un grand homme qui avoit un foüet à la main. Son habit étoit bigarré de différentes couleurs. Sa phyſionomie me parut aſſez ſpirituelle. Je reconnois ici , lui dis-je , le ſuperbe Temple du Dieu , dont la nature reſſent les bienfaits , qui eſt adoré des humains, & dont l'éclat efface tous les aſtres jaloux de ſa ſplendeur. Mais dites-moi, je vous prie, où ſont ſes chevaux ? Outre ceux qui ſont attelés à ſon char, me répondit-il en aſſez mauvais François , on en raſ-ſemble ordinairement ici quarante , & c'eſt moi qui ai le ſoin de les faire entrer & ſortir aux heures convenables. En diſant cela , il m'ouvre la porte d'un Manége aſſez ſpacieux. Et à quoi bon ces quarante Courſiers , répondis-je ? Servent-ils de relais à *Eoüs*, *Pyroïs*, *Æthon* & *Phlegon* ? Non , répliqua-t-il , ils ne ſervent à rien : on les entretient dans ce lieu, plus pour le faſte que pour l'utili-té : ils ne portent ni ne tirent ; on les promene ſeulement avec oſten-tation : ceux que vous voyez qui ſont ornés de rubans , n'y font que rarement voler la pouſſiere : remarquez comme ceux-là brillent par leur encolure , & la richeſſe de leur harnois garni de plaques d'argent ſemblables à des jettons : c'eſt grand dommage que la plûpart n'ayent point de bouche : ils ſont auſſi inſenſibles à l'éperon : pluſieurs vont peſamment le trot, quoiqu'ils ſoient tous exercés aux courbettes : ils s'abreuvent d'une eau très-douce : leur litiere eſt compoſée de lauriers ſecs , & leur élégante écurie n'exhale qu'une odeur d'encens.

Piqué de la malice avec laquelle l'Ombre m'avoit débité ſon rêve, je la quittai. Cependant comme j'étois curieux de ſçavoir quels étoient ces gros volumes qui l'avoient plongée dans un ſommeil ſi profond, j'en ouvris quelques-uns, ſans qu'elle s'en apperçut. Que je fus étonné , lorſque je vis qu'ils avoient pour titre ; *Diſcours pro-noncés à l'Académie Françoiſe !* Ce fut une énigme pour moi, jamais Livre n'ayant été plus intéreſſant, plus amuſant, plus inſtructif.

On m'a dit, mon cher Ami, que vous travailliez à donner une nouvelle Edition de ce précieux Recüeil. Cette entrepriſe eſt digne de vous. N'oubliez pas d'y ajouter une Table , qui offre d'un coup d'œil , par des renvois exacts , les deux ou trois cens mille manieres diverses de marquer sa joie & sa reconnoissance , éparses dans ce grand nombre de volumes. Je vous conseille aussi de mettre à la tête de chaque discours de reception de courtes Remarques , où vous rendrez compte de quelques-uns des motifs qui ont déterminé l'Académie dans son choix. Rien ne sera plus curieux. Mais ne vous avisez pas de dire , que l'un a été reçu précisément pour la douceur de ses mœurs , l'autre à cause de sa noblesse , ou par rapport à ses grands emplois , celui-ci pour avoir ridiculisé l'Académie même , celui-là pour des Ouvrages dont il n'est pas le pere : cela ne seroit pas convenable. Vous pourrez dire cependant , que l'ingénieux beaux sexe se dédommage d'être exclus de ce Temple de Mémoire , par le droit qu'il a justement acquis , d'en ouvrir ou d'en fermer la porte à son gré.

Je ne puis , Monsieur , finir cette Lettre , sans vous marquer la haute idée que m'a fait concevoir de vos talens votre Dissertation contre la Critique. Nous nous rencontrons toujours dans notre maniere de penser. Quelle différence de l'heureux siécle où vous brillez , avec celui où j'eus le malheur d'être étouffé! De mon tems la Critique effrontée marchoit à visage découvert , & son char importun éclaboussoit sans distinction tous les Auteurs. De-là tant de Poëtes crottés. Aujourd'hui la modeste Critique est proscrite , ou est réduite , pour subsister , à courir les ruës en masque , & à racrocher les passans à la faveur des ténébres.

Vous avez bien fait sur-tout , en vous déchaînant contre la Critique en général , de désigner en mots couverts , un Ecrivain dont la plume s'est exercée aux dépens de tant d'autres. Pourquoi s'est-on contenté de lui *fermer la bouche* ? Quoiqu'il ait donné des éloges mandiés à vos *Moyens de plaire* , j'aurois voulu qu'on l'eut traité comme Nicomede , Roi de Cypre , traita Stratonique ( *a* ). Passe encore pour M. Burlon de la Busbaquerie , Auteur des *Jugemens sur quelques Ouvrages nouveaux*. C'est un Ecrivain accommodant : il communique les extraits qu'il fait aux Auteurs mêmes , & il les modifie à leur gré , avant que de les faire imprimer. Quelle complaisance ( *b* )!

( *a* ) Il le fit empoisonner pour ses mots picquans ( *Athenée.* ).
( *b* ) Voyez le t. 11, *des Jugemens* , p. 63. & 64.

Une chofe qui m'étonne, eſt qu'on ait pû goûter les *Obſerva-tions ſur les Ecrits Modernes.* Quoique je n'aie nulle expérience dans ce genre d'écrire, il me ſemble que je brocherois en un quart-d'heure un extrait tel que pluſieurs qu'on y trouve. Par exemple, ſi j'avois à rendre compte de vos *Oeuvres mélées*, voici comme je m'y pren-drois :

Après avoir fait l'éloge de votre eſprit & de vos talens, je vous conſeillerois d'abord avec une extrême politeſſe, d'étudier l'orto-graphe, attendu votre qualité d'Académicien François, & de ne plus écrire, par exemple, *embelir* avec une ſeule *l*, le ſubſtantif *maintient* avec un *t* à la fin, &c. Le Livre de M. Moncrif, dirois-je, fourmille de ſemblables fautes trop ſouvent répétées, pour qu'on les regarde comme des fautes d'impreſſion.

Je citerois enſuite quelques fautes de langage où vous êtes tom-bé. P. 99. »Il en eſt ſouvent de l'imitation au ſujet de l'eſprit, »comme de certaines *adoptions* qui regardent la figure.» Que cette phraſe ſent le galimathias ! ( c'eſt le Journaliſte qui parleroit ainſi. ) P. 175. »Ce n'eſt donc jamais que *ſur parole* qu'ils s'ennuyent. « Pour dire, ſur la foi des mauvais Critiques. P. 249. »*Un jour* »la mere *a dit*. » Le prétérit défini eſt un contre tems en cet endroit.

Je rappellerois après cela quelques-unes de vos penſées un peu inintelligibles, par exemple, celle-ci, P. 297. »Il y a des génies »qui ſe manifeſtent en s'emparant des eſprits qui contribuent aux »progrès de l'eſprit même; qui ſont animés d'une paſſion conſtante »pour l'eſprit en général, ſans preſque aucun retour ſur la portion »d'eſprit qu'ils ont eux-mêmes. »

Mais pour ne pas ennuyer davantage mon Lecteur par de ſem-blables minucies, je paſſerois au fond de l'Ouvrage. Suppoſons qu'à l'ouverture de vos *Oeuvres mélées*, je ſois tombé ſur la petite Diſſertation, qui a pour titre : *Qu'on ne peut, ni ne doit fixer une langue vivante;* voici les Morceaux que j'en aurois cités, & les Réfléxions que j'y aurois jointes.

1°. P. 80. *Les mots nouveaux ſont d'autant plus ſecourables pour la compoſition des Ouvrages d'eſprit, qu'ils ne naiſſent en quelque ſorte que du progrès de l'eſprit même. A meſure que nous acquerons des lumieres, ou que nous embraſſons de nouvelles vûës, il eſt naturel que l'art de la parole s'étende.*

*s'étende.* Nous avons donc moins de vûës, moins d'esprit, moins de lumieres, que nous n'en avions il y a deux cens ans ; car nous avons appauvri notre langue en rejettant un grand nombre de mots expressifs & harmonieux. ( Lisez Amyot & Montagne. )

2°. M. Moncrif dit P. 83. *Que les mots ausquels on attribuë une étenduë qu'ils n'ont pas, sont des expressions inutiles & vicieuses !* Et il avoit dit P. 81. que *c'est une marque du progrès de l'esprit, que de prendre dans une signification plus étenduë, ou même nouvelle, certains termes usités.* Qu'il s'accorde avec lui-même. Il cite pour exemple d'une extension défectueuse, l'expression *badiner quelqu'un,* & pour exemple de l'extension qui est la preuve du progrès de l'esprit, le mot *misérable,* qui a trois significations. On dit en effet un homme *misérable,* pour dire un homme dans la misere ; un *misérable* signifie un homme sans honneur ; & lorsqu'on veut désigner quelque chose qui est mauvais en tout genre, on se sert de la même épithete, par exemple, on dit *une Dissertation misérable.* Sans paroître y toucher, je glisserois ainsi un petit mot contre vous. Puis je continuerois.

3°. *Quant aux expressions bannies du langage,* dit M. Moncrif, P. 87. *la Poësie préférée pendant un certain tems, aux autres productions de l'esprit, a rejetté les mots qui auroient mal sonné dans un vers : & ces mots ayant pris un air suranné, les Ecrivains en prose n'ont plus osé en faire usage.* Mais *sourdir, affinement, Pierides, redonder, odoreuses, &c.* font-ce des mots durs à l'oreille ? Ne font-ils pas plus harmonieux qu'*enfraindre, désordre, caractere* & une infinité d'autres mots semblables, dont se servent nos meilleurs Auteurs ? M. Moncrif auroit dû attribuer au caprice, à l'usage, & à une délicatesse mal entenduë, la suppression d'un grand nombre de nos anciens mots.

> *Multa renascentur quæ jam cecidere, cadentque*
> *Quæ nunc sunt in honore vocabula.*

Un mot de Latin, sur-tout un petit passage d'Horace, donne du relief à un extrait.

4°. M. Moncrif dit P. 90. *Qu'on dégrade les Auteurs en relevant dans leurs Ouvrages quelques fautes grammaticales ;* & un peu plus bas, *que les régles suffisent pour bien écrire.* Deux absurdités qui n'ont pas besoin d'être réfutées.

C

5°. *Quant aux expreſſions devenuës licentieuſes*, continuë-t-il, P. 93. *il ne faut que ſe rappeller quatre vers de Corneille, dont les Ouvrages ſeront immortels à tout autre égard.* M. Moncrif ne dit pas ce qu'il veut dire, ou ce qu'il penſe eſt ridicule, ſçavoir, qu'à l'exception de ces quatre vers licentieux, tout dans Corneille eſt digne de l'immortalité.

6°. *L'uſage*, dit l'Auteur, P. 94. *à le définir ſelon l'idée qu'on s'en forme communément, eſt une eſpéce d'énigme, qui reſſembleroit à un portrait des modes au ſujet des ajuſtemens, une ſorte d'habitude dont l'objet eſt variable.* Je trouve la choſe définie, c'eſt-à-dire, l'uſage, beaucoup plus claire que la définition. Qu'eſt-ce qu'*une énigme qui reſſemble à un portrait des modes au ſujet des ajuſtemens?* Des eſprits vulgaires regardent cela comme du fin galimathias. Je citerois enſuite ce paſſage de Montagne : *Comme aux accoutremens, dit-il, c'eſt puſillanimité de ſe vouloir marquer par quelque façon particuliere & inuſitée, de même au langage la recherche des phraſes nouvelles & des mots peu connus, vient d'une ambition ſotte & puerile.*

*Quand une langue vivante*, ajoute M. Moncrif, *eſt devenuë aſſez féconde pour ſervir heureuſement à compoſer des Ouvrages dans tous les genres, il ſemble que ſi l'on pouvoit alors la garantir de toute variation, ce ſeroit la perfectionner.* Peut-on dire, que fixer une choſe dans l'état où elle ſe trouve, ce ſoit la perfectionner ? C'eſt ſeulement empêcher qu'elle ne s'altere.

Je ferois voir enſuite que ce que vous avancez ſur les inconveniens qu'entraîneroient des Auteurs claſſiques dans notre langue, eſt dépourvû de juſteſſe, & que vous vous êtes efforcé de combattre l'opinion de Deſpreaux & de M. l'Abbé d'Olivet, ſans la comprendre. Puis j'inſinuerois qu'il faut avoir recours à l'Ouvrage même, pour débroüiller toutes les penſées fines qu'il renferme. Bien entendu qu'après avoir donné au commencement de mon Extrait une haute idée de votre Recüeil, du moins à ceux qui n'entendent rien à l'ironie, le Lecteur intelligent ne pourroit ſe diſpenſer de conclure à la fin de mes Remarques, que c'eſt un Livre pitoyable. Je terminerois enfin mon Analyſe, en obſervant que vous ſemblez avoir manqué votre vocation, & qu'avec les grands talens que vous avez pour imaginer de frivoles diſtinctions, & pour

répandre l'obfcurité fur tous vos difcours, vous auriez bien dû pré-
férer la pouffiere de l'Ecole au limon du Parnaffe. J'aurois peut-être
tourné cela un peu plus finement. Quoiqu'il en foit, voilà mon
Extrait plus qu'ébauché.

Dieu me garde de faire ainfi le métier de Journalifte! En
vérité de pareilles Critiques font-elles dignes de l'attention du
Public, & n'a-t-on pas eu raifon de les fupprimer? Déformais,
il va donc régner un efprit de charité, & de bénignité dans la
République des Lettres. Les jours des Auteurs feront filés d'or &
de foye.

Pour affurer ce bonheur parfait, il ne fuffit pas d'avoir mis le
Cenfeur univerfel hors de combat, d'avoir arraché du Parnaffe ce
funefte épouvantail : je voudrois que l'Académie Françoife
fongeât férieufement à réprimer l'audace de certains Ecrivains
furtifs, qui fans l'aveu de la Cenfure Royale, foumettent à la leur
nos difcours Académiques, & font affez infenfés pour prétendre
ridiculifer aux yeux du Public les Académiciens, parce qu'ils ne
font autre chofe que fe loüer réciproquement. Michel Pfellus a
fait l'Eloge de la Puce, Majoraggius celui de la Boüe, Lucien &
Pirckmeir celui de la Goutte, Galiffard & Phavorin celui de la
Fiévre-quarte, Jean Bruno celui du Diable, Daniel Heinfius &
Pafferat celui de l'Ane; & après cela, les fçavans Académiciens
François ne pourront pas faire mutuellement le leur? Quelle in-
juftice! Déterminez-les, je vous en conjure, à prévenir ces Critiques de contre-bande. Je fçais que c'eft le ferpent qui ronge la
lime. N'importe. La grandeur d'ame de ces Mignons des Mufes, de
ces Chevaliers de la République des Lettres, les rend trop indul-
gens. Quoi tantôt on les repréfentera comme d'avides Jettoniers (a),
eux qui font fi défintéreffés? Tantôt on les comparera indécemment
aux filles de l'Opera (b), eux qui dans leurs difcours font en pof-
feffion de fe comparer au Soleil, & qui fe piquent d'éclairer la Lit-
térature, comme cet Aftre éclaire l'Univers ? Tantôt enfin on
traitera d'*auguftes cohües* ces brillantes Affemblées, qui reffemblent
bien plutôt à une efpéce d'Empyrée, où favourant à longs traits les
délices de l'*Immortalité*, on chante à perte d'haleine des louanges

(a) Lettre d'un Bourgeois.
(b) Lettre fur les derniers Difcours prononcés à l'Académie.

fines & melodieuses. Engagez nos chers Confreres à fortir de leur affoupiffement. Il y va de notre gloire commune. Je vous exhorte auffi, mon cher Ami, à continuer de me prendre pour guide dans la carriere des Lettres. C'eft le moyen de remplir l'Univers de votre nom, de l'étonner de votre mérite, & d'étendre votre réputation, non-feulement au-delà des mers ; mais même au-delà du Cocyte. Et moi par un jufte retour, je continuërai de vous infpirer, afin de répandre fur vos Ouvrages les agrémens de mon Style & la délicateffe de mon goût.

On ne peut être, &c.